DÉMEMBREMENT

DE

L'HYSTÉRIE TRADITIONNELLE

PITHIATISME

PAR

J. BABINSKI

PARIS

IMPRIMERIE DE LA *SEMAINE MÉDICALE*

31, rue Croix-des-Petits-Champs, 31

—

1909

DÉMEMBREMENT

DE

L'HYSTÉRIE TRADITIONNELLE

PITHIATISME

PAR

J. BABINSKI

PARIS

IMPRIMERIE DE LA *SEMAINE MÉDICALE*

31, rue Croix-des-Petits-Champs, 31

—

1909

DÉMEMBREMENT

DE

L'HYSTÉRIE TRADITIONNELLE

PITHIATISME

Ayant fait mes premiers pas, dans la carrière neurologique, à l'Ecole de la Salpêtrière, où j'eus l'honneur d'être de 1885 à 1887 le chef de clinique de Charcot, je fus, à mes débuts, imprégné des idées sur l'hystérie qu'on y enseignait à cette époque et qui, jusque dans ces derniers temps, ont été presque unanimement admises.

Je les avais d'abord acceptées sans réserve; mais ultérieurement, frappé par certaines constatations avec lesquelles elles me parurent difficiles à concilier, je fus amené à douter de leur exactitude et je me proposai de soumettre dorénavant, sans opinion préconçue, à une analyse rigoureuse tous les faits pouvant me permettre d'en contrôler la valeur. Si les résultats de mes recherches m'ont conduit à abandonner la doctrine de mon illustre maître, je n'en conserve pas moins — je tiens à le dire — une admiration profonde pour le grand neurologiste dont les travaux sur l'hystérie, fort importants d'ailleurs malgré les erreurs qui s'y sont glissées, ne constituent qu'une faible partie d'une œuvre imposante.

Mes études, poursuivies pendant une dizaine d'années, aboutirent en 1901 à une communication devant la Société de neurologie, où je soutins cette thèse que l'on avait rangé dans l'hystérie des troubles qui ne lui appartenaient pas et où j'indiquai les limites qu'il fallait, selon moi, assigner à cette névrose. Ma manière de voir a été adoptée par MM. Dutil et Laubry, les auteurs de l'article « Hystérie » dans la deuxième édition du Traité Charcot-Bouchard-Brissaud. Je l'ai développée de nouveau dans une conférence faite à la Société de l'internat des hôpitaux de Paris en 1906. Je l'ai soutenue encore au Congrès de neurologie de Genève de 1907. Enfin, elle vient d'être discutée en avril et mai de l'année 1908 à la Société de neurologie de Paris, et j'ai eu la grande satisfaction de voir beaucoup de mes collègues, entre autres MM. Brissaud, Dupré, Ballet, Souques, Meige, partager mon opinion d'une manière complète ou presque complète. Je puis même dire que, sur les points essentiels, la plupart des membres de la Société ont été d'accord avec moi, et que l'opposition qui m'a été faite par certains d'entre eux n'a porté que sur des questions secondaires; peut-être même n'a-t-elle été que la conséquence d'un simple malentendu et a-t-elle tenu à ce que mes idées, brièvement exposées, ont été insuffisamment comprises. J'espère qu'en les présentant sous une autre face elles s'imposeront à l'esprit de mes contradicteurs.

Tous les médecins reconnaissent actuellement que le domaine de l'hystérie traditionnelle a été démesurément étendu et que l'on a, tout au moins, singulièrement exagéré cette faculté attribuée à l'hystérie de reproduire les maladies les plus diverses, « de tout faire », comme on le disait jadis. C'est un point désormais acquis; mais il me semble intéressant de rechercher les motifs qui avaient conduit à l'ancienne conception et de mettre en évidence les raisons qui l'ont fait abandonner. Selon moi, l'extension excessive que l'hystérie a subie tient à trois causes principales : 1º on a commis des erreurs de diagnostic, en considérant comme hystériques des affections organiques; 2º on a méconnu l'importance de la supercherie, et, faute d'une surveillance suffisante, on a rattaché à l'hystérie des phénomènes qui relevaient de la simulation; 3º on a confondu des états nerveux qui doivent être distingués les uns des autres. Je vais tâcher de montrer l'exactitude de mon opinion par une analyse minutieuse des faits, en examinant successivement les trois causes d'erreur que je viens d'énumérer.

1° Pour prouver que des affections organiques ont été souvent considérées comme hystériques, il me suffirait de prendre pour exemple l'hémiplégie. Non seulement j'affirme, sans crainte d'être contredit, que l'on a fréquemment rapporté à l'hystérie des cas d'hémiplégie organique, mais je soutiens que des erreurs de ce genre étaient autrefois inévitables, car l'on n'avait à sa disposition aucun moyen sûr de distinguer ces deux espèces de paralysie. On admettait, en effet, que l'hémiplégie hystérique pouvait reproduire trait pour trait le facies de l'hémiplégie organique et que les caractères extrinsèques, tels que l'âge du sujet, la présence ou l'absence d'une affection cardiaque concomitante, d'antécédents syphilitiques, des prétendus stigmates de l'hystérie, les circonstances dans lesquelles la paralysie avait pris naissance étaient les seules données permettant d'établir le diagnostic. Or, c'est le contraire qui est la vérité. Je ne serais pas embarrassé pour présenter des sujets atteints d'hémiplégie manifestement organique qui, cependant, sont jeunes, n'ont aucun signe d'affection cardiaque, ne paraissent pas syphilitiques, ont, du côté paralysé, de l'anesthésie ainsi que du rétrécissement du champ visuel et chez lesquels l'hémiplégie a été consécutive à une émotion; inversement, j'ai vu des cas d'hémiplégie hystérique chez des individus âgés, atteints d'affection cardiaque, n'ayant aucun trouble de la sensibilité et dont la paralysie n'avait pas été précédée de quelque émotion. Incontestablement, d'une part, le rôle de l'émotion dans la genèse des accidents hystériques a été au moins exagéré et, d'autre part, on n'a pas tenu suffisamment compte de l'influence de cet agent sur le développement des affections organiques. On aurait pu cependant dire, *a priori*, que la perturbation de la circulation sanguine produite par l'émotion doit être capable d'occasionner la rupture d'une paroi vasculaire dans un point préalablement détérioré, et c'est ce que montre l'observation. Quant à l'hémianesthésie, M. Bernheim a eu, il y a longtemps, le mérite de soutenir qu'elle était le plus souvent d'origine suggestive, et je crois avoir fourni de nouveaux arguments à l'appui de cette thèse; j'ai montré que, suivant la manière dont on procédait dans l'interrogatoire et l'examen des sujets, on obtenait des résultats tout différents, en ce qui concerne les prétendus stigmates, et je puis dire que depuis des années je n'en trouve plus chez les hystériques qui n'ont pas été préalablement en contact avec des personnes capables de les avoir suggestionnées. Il est vrai qu'on peut objecter à cela que l'hémianesthésie sensitivo-sensorielle, qu'elle soit liée ou non à la suggestion, dénote néanmoins l'existence de l'hystérie. Cela est exact, mais il est certain aussi qu'on peut aisément faire naître ces phénomènes chez un très grand nombre de sujets; qu'il est même particulièrement facile de les développer chez des malades, ce qui se comprend d'ailleurs très bien; que l'on peut, dans beaucoup de cas, associer artificiellement une hémianesthésie suggestive à une hémiplégie organique; que cette hémianesthésie a ordinairement pour source un interrogatoire médical défectueusement pratiqué et qu'en définitive, en raison de la fréquence des associations hystéro-organiques, la présence d'une hémianesthésie dans un cas d'hémiplégie n'en décèle nullement la nature.

Contrairement à ce qu'on pensait autrefois, les caractères intrinsèques de l'hémiplégie peuvent seuls conduire à un diagnostic précis. Si on l'ignorait jadis c'est que, aiguillés sur une fausse voie, les neurologistes n'avaient pas su tirer parti de l'état des réflexes tendineux qui étaient pourtant l'objet d'une exploration systématique et qu'ils n'avaient pas à leur disposition certains signes objectifs que j'ai découverts depuis. Dans un premier travail sur ce sujet paru en 1893, et ensuite à maintes reprises, dans des communications et discussions à la Société de neurologie, j'ai soutenu que l'hystérie était incapable de modifier les réflexes tendineux et que, par conséquent, l'hémiplégie hystérique pure ne s'accompagnait jamais d'une exagération de ces réflexes. Cette opinion a été d'abord vivement combattue, mais petit à petit ses adversaires sont devenus de moins en moins nombreux et il ressort de la dernière discussion à la Société de neurologie qu'aujourd'hui tous mes collègues sont d'accord avec moi. Ainsi donc, dans un cas d'hémiplégie, l'exagération unilatérale des réflexes tendineux, symptôme autrefois connu déjà, mais méconnu dans sa valeur, permet d'affirmer que l'on a affaire à une affection organique du système nerveux central. Je n'ai pas besoin d'insister sur les signes objectifs nouveaux, le phénomène des orteils (extension du gros orteil et signe de l'éventail), le mouvement combiné de flexion du tronc et du bassin, le signe du peaucier, l'hypotonicité musculaire, le phénomène de la pronation qui conduisent aussi à un diagnostic certain. Ce sont actuellement des notions universellement admises. Je suis donc bien autorisé à affirmer, et c'est là le point essentiel pour l'objet qui m'occupe, que, dans un passé encore peu éloigné, on ne possédait aucun des moyens dont nous disposons actuellement pour distinguer l'hémiplégie organique de l'hémiplégie hystérique et que de nombreuses erreurs de diagnostic ont été commises.

Si maintenant l'on réfléchit tant soit peu à ce qui précède, on saisira sans peine les conséquences de ces erreurs, les autres erreurs qu'elles ont engendrées, leur portée, l'action qu'elles ont exercée sur la conception traditionnelle de l'hystérie. Nous touchons ainsi à l'un des côtés les plus intéressants de l'histoire de cette névrose. Que l'on veuille bien se reporter par la pensée à l'époque où l'on était privé des notions que tous les médecins utilisent maintenant pour reconnaître la nature d'une hémiplégie. Il y avait alors, pour les raisons que je viens d'indiquer, des sujets atteints d'hémiplégie organique, que l'on considérait comme de simples hystériques; il suffira à ceux de mes lecteurs, qui ont déjà quelque expérience, de rappeler leurs souvenirs pour se remémorer des faits de ce genre. Voulait-on guérir de pareils malades par des pratiques d'hypnotisme, méthode que l'on employait beaucoup alors, on subissait des échecs complets, quelque persévérance que l'on eût apportée, et l'on était conduit à en conclure que les manifestations hystériques sont souvent réfractaires à la psychothérapie, ce qui me paraît inexact. De plus, parmi ces hémiplégiques il devait y en avoir qui présentaient, ce qui n'est pas rare dans l'hémiplégie organique, des troubles vasomoteurs, de l'hypothermie du côté de la paralysie; l'on était amené fatalement à en déduire que l'hystérie était en mesure de produire des phénomènes de cet ordre, et de là à conclure qu'elle peut aussi donner naissance à des érythèmes, des phlyctènes, des œdèmes, des hémorrhagies et même des gangrènes cutanées, il n'y a qu'un pas que l'on n'avait pas manqué de franchir. Cela n'est pas encore tout : si l'hystérie est capable d'engendrer de pareils troubles à la peau, pourquoi n'en produirait-elle pas aussi dans les viscères; pourquoi n'y aurait-il pas des hémoptysies, des hématémèses, du melæna, des hématuries et même des hémorrhagies cérébrales hystériques? On se trouvait, par exemple, en présence d'une jeune fille ayant une hémoptysie, dans la famille de laquelle il n'y avait pas d'antécédents bacillaires, dont l'état général était satisfaisant et chez qui on ne constatait aucun signe stéthoscopique net de lésion pulmonaire, ce qu'on observe parfois au début de la tuberculose; si cette malade avait eu des crises hystériques, si, de plus, il existait chez elle une hémianesthésie sensitivo-sensorielle, on était presque infailliblement conduit à attribuer l'hémoptysie à l'hystérie. La fièvre même, s'il y en avait, ne faisait pas repousser un pareil diagnostic, car il était tout naturel, après avoir admis que l'hystérie fût apte à exercer une action perturbatrice sur les centres des réflexes tendineux et sur les centres vasomoteurs, de penser aussi qu'elle pût amener une perturbation dans les centres régulateurs de la température. Toutes ces déductions étant logiques ont été faites et acceptées par les meilleurs esprits; leur seul tort était d'avoir une erreur à leur point de départ, et elles sont pour ce motif entachées de nullité. Mais, dira-t-on, l'idée directrice, quoique fausse, a pu conduire à la découverte de vérités, car comment supposer que tant de cliniciens, parmi lesquels il en fut d'éminents, se soient laissé ainsi égarer? Quelque surprise que cela doive causer, on est pourtant obligé de s'incliner devant la réalité et de reconnaître que, dans cet ordre de faits, les meilleurs observateurs se sont trompés. Pour s'en convaincre il suffit de solliciter sa mémoire ainsi que celle de ses confrères. Il n'est peut être pas un médecin

qui ne se rappelle avoir commis ou avoir vu commettre par
ses maîtres de pareilles erreurs et beaucoup de mes collègues
m'en ont relaté des exemples depuis qu'ils m'ont vu entre-
prendre ma campagne contre l'hystérie traditionnelle ; ce sont
des hémoptysies, des hématémèses, des hématuries, de la
fièvre, etc., prises pendant longtemps pour hystériques par les
cliniciens les plus réputés et dont la nature organique est
venue un jour se révéler. Ces erreurs, comme je viens de le
dire, s'expliquent en partie par les idées théoriques fausses
qui étaient ancrées dans l'esprit; elles s'expliquent encore
parce que les faits sur lesquels elles portent ont parfois besoin
d'être observés pendant plusieurs mois avant d'être rangés
avec certitude dans la classe qui leur appartient et qu'on les
perd de vue avant que la rectification du diagnostic se soit
imposée; elles s'expliquent, enfin, par l'influence de la tradition à laquelle il est difficile de se soustraire. Un confrère
qui croyait avoir observé un cas intéressant de fièvre hystérique m'avait demandé d'intervenir auprès du directeur d'un
journal neurologique pour obtenir que son observation fût
publiée; lui ayant fait remarquer qu'elle n'était pas probante,
je lui entendis me faire cette réponse : je reconnais bien que
mes arguments ne sont pas péremptoires, mais je pensais
que la réalité de la fièvre hystérique, admise dans les traités
classiques, n'était pas mise en doute, et il m'avait semblé que
mon observation n'avait pas besoin d'être approfondie davan-
tage. C'est ainsi que les erreurs sont d'autant plus difficiles
à déraciner qu'elles sont plus anciennes et qu'elles se sont
transmises par la tradition.

2° On trouve sans cesse la simulation dans l'histoire de
l'hystérie. C'est là d'ailleurs une vérité qui n'est pas nouvelle
et sur laquelle Charcot a déjà tout particulièrement insisté.
Mais si personne ne le nie, d'une manière générale, il y a
beaucoup de médecins qui, dans des cas particuliers, se
laissent prendre à des mensonges plus ou moins habiles et attri-
buent à l'hystérie des phénomènes résultant de la supercherie.
Ces phénomènes doivent être divisés en plusieurs groupes.

A l'un d'eux appartiennent les manifestations qui sont

l'imitation de troubles que la suggestion réalise, que la persuasion guérit, *pithiatiques* (j'indiquerai plus loin la signi-
fication exacte de ce terme). Ce sont des accidents tels que
certaines espèces de paralysies, de contractures, d'anes-
thésies, etc., rangés, de l'avis unanime, dans l'hystérie. Il
est impossible de distinguer objectivement ces deux ordres
de faits les uns des autres, ce qui se comprend d'ailleurs
aisément, car ils sont produits par le même mécanisme et
leur différence réside seulement dans les états d'âme de ceux
qui mettent ce mécanisme en jeu : le simulateur a conscience
de la nature de ses plaintes et de ses actes, tandis que le
sujet suggestionné en est inconscient ou plutôt subconscient;
c'est en quelque sorte un demi-simulateur. Aussi la question
de la simulation doit-elle se poser toutes les fois qu'on se
trouve en présence d'un phénomène ayant les caractères des
manifestations pithiatiques; elle ne peut pas être toujours
résolue d'une manière absolument rigoureuse et il est certain
qu'un grand nombre de sujets, considérés comme des hystériques, se sont simplement joués de leur entourage et de leur
médecin. Parfois une surveillance permet de reconnaître la
fraude; elle est, par exemple, patente si l'on s'aperçoit qu'un
soi-disant paraplégique se tient sur ses jambes et marche
quand il croit ne pas être observé; mais les simulateurs sont
ordinairement sur leurs gardes et ne se laissent pas prendre
au piège si facilement. Sur quoi donc peut-on se fonder pour
admettre, dans un cas donné, que la simulation est en cause
plutôt que la suggestion? Sur des raisons d'ordre moral.
De plus, ce qui peut paraître paradoxal, j'estime que l'échec
de la psychothérapie pratiquée dans de bonnes conditions et
avec persévérance doit faire incliner du côté de l'hypothèse
de la simulation. Voici sur quoi je fonde cette opinion : parmi
les cas nombreux que j'ai observés, cette méthode ne s'est
montrée inefficace que chez des sujets dont on avait de bonnes
raisons de mettre la sincérité en doute, soit qu'il se fût agi de
prétendues victimes d'accidents, réclamant des indemnités,
soit que j'eusse eu affaire à des misérables sans profession et
sans asile, manifestement intéressés à éterniser leur séjour
dans les hôpitaux, ou encore à des personnes prises, dans

d'autres circonstances, en flagrant délit de mensonge et dont les assertions étaient sans valeur. Quoi qu'il en soit, chaque cas de ce genre peut fournir matière à discussion, mais ce qui d'une manière générale est indiscutable, c'est que le domaine de l'hystérie a été singulièrement grossi par l'immixtion d'innombrables faits de simulation semblables à ceux que je viens d'envisager.

Dans le second groupe, se rangent des phénomènes qui sont également des troubles fictifs, mais qui se distinguent des précédents parce qu'ils ne peuvent résulter de la suggestion. La fièvre et l'anurie en sont des exemples. On connaît les procédés divers dont on se sert pour faire monter artificiellement la colonne de mercure du thermomètre et il n'est pas douteux que beaucoup de cas de fièvre, dite hystérique, qui ont été publiés, se rapportent à des faits de cet ordre. Il est facile de découvrir la fraude; il suffit de prendre soi-même la température avec un thermomètre ordinaire étalonné, et de surveiller attentivement le sujet en observation au lieu de se contenter, comme le font beaucoup de médecins, des indications, aisément faussées par l'intéressé, d'un thermomètre à maxima. La preuve qu'autrefois on s'était souvent laissé tromper c'est que maintenant, depuis que l'attention a été particulièrement attirée sur ce point, la fièvre prétendue hystérique a disparu des hôpitaux de Paris. On peut en dire autant de l'anurie dite hystérique.

Le troisième groupe est constitué par des phénomènes qui ne sont pas fictifs, comme les précédents, mais bien réels. Ce sont des érythèmes, des phlyctènes, des ecchymoses, des ulcérations, des sphacèles, des œdèmes. La fraude consiste en ce que les sujets atteints de ces troubles prétendent qu'ils se sont développés spontanément, tandis qu'ils résultent de l'application d'une substance irritante, de l'introduction sous les téguments d'un corps étranger, de la constriction d'un membre par un lien ou de quelque autre artifice. Il est bon de savoir que, outre les cas où la fraude est intéressée, il en est beaucoup où elle n'a aucun motif apparent, si ce n'est probablement de la part de ceux qui la commettent, de ces mythomanes, comme les appelle M. Dupré, un désir pathologique d'inspirer la curiosité, l'étonnement ou la commisération, bref, de se distinguer d'une manière quelconque. Un très grand nombre de pareils faits ont été rapportés à l'hystérie uniquement sur la constatation des prétendus stigmates hystériques et parce qu'on ne trouvait aucune autre étiquette à leur appliquer. Je rappellerai, à ce propos, la spirituelle boutade inédite de Lasègue : « L'hystérie est une corbeille dans laquelle on jette les papiers qu'on ne sait où classer ». M. Vaquez a exprimé de son côté une idée semblable. Aujourd'hui qu'à ce point de vue l'esprit est en éveil, on décèle ces fraudes bien mieux que par le passé, et M. le professeur Dieulafoy en a relaté récemment à l'Académie de médecine un cas remarquable.

Mais, me diront sans doute mes contradicteurs, nous voulons bien reconnaître que le champ de l'hystérie a été démesurément agrandi par les erreurs de diagnostic qui ont été commises et parce qu'on ne s'est pas suffisamment mis en garde contre la duperie; nous reconnaissons aussi que, contrairement à ce qu'on pensait autrefois, les troubles vasomoteurs, sécrétoires, trophiques, les hémorrhagies, la fièvre, l'anurie ne peuvent être reproduits par la suggestion, tout cela ne prouve pas encore que de pareils faits ne dépendent pas dans certains cas de l'hystérie. Effectivement, je n'ai pas encore achevé ma démonstration; je vais chercher à le faire à présent.

3° Reconnaître que parmi les troubles que l'on a rattachés à l'hystérie il en est qui peuvent être reproduits par suggestion et d'autres qui ne le peuvent pas, c'est dire que les troubles qu'on appelle hystériques ne sont pas tous semblables les uns aux autres, quant à leur mécanisme et qu'il faut les subdiviser; c'est déjà sortir de la confusion ancienne.

a) Il y a donc un groupe de phénomènes qui ont pour caractère de pouvoir être reproduits par suggestion. Mais je tiens à faire observer, car c'est essentiel, qu'il ne suffit pas qu'un phénomène soit consécutif à une perturbation psychique occasionnée par la volonté pour l'attribuer à la suggestion. Il faut pour cela que cette volonté soit en mesure de faire cesser le phénomène qu'elle a déterminé : (je suis, par exemple, en droit de dire qu'une attaque convulsive est le résultat d'une suggestion quand, après l'avoir provoquée expérimentalement, conformément à ma fantaisie, je suis en état de l'arrêter lorsque je le désire. La suggestion, ainsi comprise, implique l'idée que la volonté est maîtresse des troubles qu'elle a produits et qu'elle est capable de faire disparaître, en quelque sorte par réversibilité, ce qu'elle a fait apparaître. Ces deux propriétés sont connexes et si, par suite de certaines circonstances, il n'est pas possible, dans tous les cas particuliers, d'établir leur union, on peut dire, en général, que c'est en s'associant l'une à l'autre que chacune d'elles prouve sa réalité (1).

Comment délimiter le domaine des troubles que la suggestion peut produire? En observant attentivement les gens suggestionnables et en expérimentant sur eux. Les médecins qui voudront se faire à cet égard une opinion personnelle choisiront de préférence des sujets pareils à ceux qu'on appelait autrefois de grands hypnotiques, dont la caractéristique consiste en une suggestibilité poussée au plus haut degré. On arrivera encore au même résultat en cherchant à déterminer sur soi-même ou sur des personnes normales se prêtant à ces investigations les phénomènes en apparence pathologiques que la volonté seule est capable d'engendrer et

---

(1) Le sens que l'on prête à un mot étant affaire de convention, on serait libre de donner au vocable suggestion une acception plus large que celle que je propose. Voici, par exemple, un phobique qui, après avoir assisté à une conférence sur la syphilis, est pris de cette espèce de phobie du toucher que la psychothérapie ne peut guérir. Dira-t-on que cette phobie a été suggérée par le conférencier? Soit. Mais, s'il s'agit là d'une suggestion, il faut reconnaître qu'elle diffère essentiellement de celle dont les effets sont susceptibles de disparaître par persuasion, et que ce terme est appliqué à deux processus différents pour chacun desquels il serait bon d'avoir un nom spécial.

A propos de définition, je rappelle que, d'autre part, pour les uns le mot suggestion doit exprimer l'action par laquelle on tâche de faire accepter à autrui une idée quelconque, qu'elle soit déraisonnable ou sensée, que d'autres, au contraire, estiment, comme moi, qu'il serait préférable de donner à ce mot un sens péjoratif. C'est encore une question de convention. Mais ce qui est incontestable, c'est que l'état psychique de l'homme qui admet, serait-ce sans un contrôle rigoureux, une idée sensée ou acceptable qu'on lui soumet, ne peut être assimilé à la mentalité du sujet à qui l'on fait prendre « des vessies pour des lanternes ». Si l'on dit qu'il s'agit de suggestion dans le premier cas, il faut dire au moins que dans le second c'est de l'hypersuggestion, mot que le préfixe rend ici péjoratif.

de faire cesser ensuite. Il faut ajouter qu'il est nécessaire de pratiquer des expériences de ce genre sur un grand nombre de sujets, car, à ce point de vue, le champ d'action de la volonté présente de nombreuses variétés individuelles; il faudra, par conséquent, se garder d'exclure tel ou tel phéno-mène du domaine de la suggestion pour le motif qu'on n'aura pas trouvé immédiatement dans son entourage quelqu'un qui fut en état de le reproduire dans les conditions spécifiées; c'est seulement après des recherches maintes fois répétées qu'on est autorisé à légiférer et encore avec la restriction que des observations nouvelles pourraient conduire à la revi-sion des idées ainsi acquises. Je ne ferai pas une description détaillée des troubles qui sont tributaires de la suggestion, car cela m'entraînerait trop loin; je me contenterai de mentionner les principaux d'entre eux; ce sont des crises convulsives, des paralysies, des contractures très variées quant à leur mode de localisation et à leur intensité, des tremblements, des mouvements choréiques parfois irrégu-liers, mais généralement rythmés, des troubles de la phona-tion, de la respiration, des troubles de la sensibilité se manifestant par de l'anesthésie ou de l'hyperesthésie, des trou-bles sensoriels, des troubles vésicaux. Par contre, ainsi que j'ai déjà eu l'occasion de le dire, la suggestion est incapable d'exagérer ou d'abolir les réflexes tendineux, d'amener une perturbation dans les réflexes pupillaires ou dans les réflexes cutanés; elle peut rendre plus difficile l'observation de ces phénomènes et l'entraver plus ou moins par des obstacles propres à dérouter un novice, mais qu'un neurologiste expé-rimenté doit surmonter; elle ne peut produire de troubles vasomoteurs, sécrétoires, trophiques, pas plus qu'elle ne peut créer, par ses propres forces, des hémorrhagies, de l'anurie, de l'albuminurie, de la fièvre. Sur ces divers points, lors de la récente discussion à la Société de neurologie, il n'y a eu pour ainsi dire aucune contestation, ce qui, à cet égard, montre d'une manière éclatante le revirement d'opinion de ceux-là mêmes qui semblent le plus attachés à la conception traditionnelle.

Une question importante qui est un complément de celle

que nous venons d'étudier doit être maintenant posée. L'aspect symptomatique des phénomènes que la suggestion fait naître est-il spécifique ou bien peut-il appartenir aussi à des troubles liés soit à une affection organique, soit à une maladie fonctionnelle ayant un mécanisme différent de la suggestion? Il est encore impossible de résoudre cette question d'une façon définitive. Je suis arrivé, par exemple, à faire reproduire, par imitation, les mouvements de la chorée de Sydenham de telle manière que je n'aurais pas été en mesure de distinguer la copie de l'original, mais cette impuissance tient peut-être à ce que nos investigations cliniques n'ont pas été encore assez pénétrantes, et il est permis d'espérer qu'on arrivera un jour à discerner infailliblement, par leur facies symptomatique seul, les manifestations de la suggestion d'avec les troubles qui dépendent des autres affections. Il faut reconnaître, du reste, qu'aujourd'hui déjà nous disposons de nombreux signes qui nous permettent, au moins dans beaucoup de cas, d'atteindre presque la certitude. Parmi ces signes, les uns sont d'ordre positif; c'est ainsi qu'on ne risque guère de se tromper quand on affirme qu'une crise de nerfs avec grands mouvements convulsifs et arc de cercle, ou qu'une chorée rythmée est un phénomène dû à la suggestion ou à la simulation, car, à notre connaissance, il n'existe pas d'autre cause pouvant déterminer de pareils troubles. Les autres signes sont d'ordre négatif; je dis, par exemple, qu'une paralysie est très vraisemblablement le résultat d'une suggestion quand je ne constate aucun des symptômes, qui, sauf exception, accompagnent, en nombre plus ou moins grand, les paralysies ayant une autre origine. J'ajoute, par parenthèse, que le diagnostic des accidents de nature suggestive se fonde sur les signes négatifs bien plus souvent que sur les signes positifs.

La symptomatologie des phénomènes dont nous nous occupons fournit donc des indications très précieuses pour le diagnostic, toutefois c'est surtout leur évolution qui leur donne une marque spéciale; elle leur imprime un cachet qui n'est pas toujours également apparent, mais qu'un observateur attentif, doublé d'un expérimentateur, doit généralement découvrir, et qui dissipera définitivement tous les doutes. Supposons que

nous ayons affaire à une monoplégie brachiale complète. Si
nous arrivons à la guérir, puis à la reproduire et à la faire disparaître tour à tour, à volonté, nous lui aurons fait subir une
évolution qui manifestement est caractéristique. Il est vrai
qu'on a rarement l'occasion d'apporter une preuve qui s'impose
à l'esprit avec une pareille puissance, mais la démonstration,
sans être aussi éclatante, peut être, cependant, suffisamment
rigoureuse. Voici une expérience que j'ai pratiquée le plus
souvent avec succès dans les cas de paralysie brachiale d'origine suggestive : je soulève le bras paralysé et je l'abandonne
ensuite à lui-même; je répète la manœuvre un grand nombre
de fois, et, en même temps, par des questions et des ordres de
toute sorte, je cherche à détourner l'attention du malade de ce
qui fait l'objet principal de la mienne; je constate généralement
que, d'une manière intermittente, pendant un laps de temps
plus ou moins long, le bras, privé de soutien, au lieu de tomber
comme un corps inerte, ainsi que cela a lieu infailliblement à
chaque essai dans les paralysies organiques, se maintient dans
l'espace, à l'instar du bras d'un homme normal qui ferait un
effort pour le tenir dans cette attitude. L'expérience est absolument concluante, et il me paraît facile d'interpréter ce fait :
cette paralysie d'origine suggestive, qui, comme je l'ai fait
remarquer, est une sorte de simulation inconsciente ou subconsciente, a besoin, pour subsister, de l'attention du malade
concentrée sur ce point; celle-ci vient-elle à être mise en
défaut, la paralysie disparaît; en réalité, mon expérience est un
procédé psychothérapique conduisant à une guérison momen-
tanée de la paralysie et donnant à son évolution une marque
toute particulière qui me permet d'affirmer que ma volonté est
devenue déjà, dans une certaine mesure, maîtresse de ce
trouble. Or, comme je l'ai dit, c'est là précisément, ce qui
donne aux phénomènes dont je m'occupe leur caractéristique,
qu'on parvient à déceler, dans la plupart des cas de cette
espèce, lorsqu'on ne se contente pas d'un examen superficiel
et qu'on apporte dans ses investigations un peu de sagacité.

Il est nécessaire de donner une dénomination spéciale à
ce groupe de phénomènes, comme à tout objet qui se distingue, ne serait-ce que par un seul attribut. J'ai proposé de

l'appeler « pithiatisme », de πειθώ persuasion et ιατος guéris-
sable, et de désigner par l'adjectif « pithiatique » chacun des
troubles qui constitue ce groupe. Sans doute, ce n'est pas
toujours, à proprement parler, par le raisonnement, comme
le mot persuasion pourrait le faire croire, que l'on guérit ces
troubles, et le vocable pithiatisme n'évoque pas non plus par
son sens étymologique la pensée que ces troubles sont d'origine suggestive, mais il est impossible de trouver un terme
capable de traduire, avec les nuances qu'elles comportent, les
deux idées principales qui s'attachent à l'objet que nous avons
en vue. Le mot que j'ai choisi exprime au moins celle d'entre
elles qui est la plus intéressante pour le médecin, l'idée que
les accidents en question peuvent, sous l'influence de la persuasion seule, disparaître d'une manière complète. D'ailleurs,
je le répète, le choix d'un mot n'est qu'une affaire de convention, et si l'on en proposait un qui fût plus compréhensif,
je l'accepterais volontiers, mais cela ne changerait rien au
fond des choses.

b) On a attribué à l'émotion un rôle très important dans
l'hystérie et l'on a généralement admis que les phénomènes
dont il vient d'être question et auxquels je donne l'épithète
de pithiatiques se développent et disparaissent le plus souvent sous l'influence de chocs moraux; on a été conduit ainsi
à confondre deux groupes de manifestations qui doivent être
distinguées les unes des autres.

On peut d'abord se demander si réellement l'émotion a
sur la genèse des troubles pithiatiques l'action qu'on lui prête.
S'il en était ainsi, la fréquence et la forme de ces troubles
devraient être, contrairement à ce que l'on observe, à peu près
pareilles dans les conditions ordinaires de la vie, car l'huma-
nité est toujours agitée par les mêmes passions et l'émotivité
humaine n'a pas dû changer. Selon moi, l'émotion, en admettant qu'elle intervienne, joue un rôle infiniment moins important que la contagion, l'imitation dont l'influence sur les crises
convulsives, en particulier, se manifeste d'une manière éclatante. Mais, dira-t-on, si l'imitation peut être incriminée dans
une salle d'hôpital, il est plus difficile de l'invoquer quand on

a affaire à des sujets qui vivent dans leur famille, ne sont pas en contact avec d'autres malades et dont la première crise, immédiatement consécutive à une émotion, a présenté les caractères d'un phénomène spontané. Je répondrai à cela qu'une enquête approfondie montre souvent que cette spontanéité n'est qu'apparente, qu'il s'agit bien de la reproduction d'une crise observée chez autrui et que parfois aussi, ce qu'on appelle crise hystérique n'est qu'une association de cris, de gesticulations, de contorsions volontaires, conscientes, ayant pour origine, chez celui qui en est l'auteur, non pas l'émotion, mais le désir d'émouvoir l'entourage. Il faut remarquer d'ailleurs qu'un mythomane qui voudrait feindre des convulsions, sans même avoir jamais assisté à une crise hystérique, pourrait être spontanément conduit à exécuter des mouvements analogues à ceux par lesquels l'attaque légitime se manifeste. Il ne me paraît pas non plus démontré que la guérison des accidents pithiatiques, même quand elle survient dans des circonstances propres à émouvoir, soit due directement à l'émotion que le malade a pu ressentir. Voici une jeune fille atteinte de paraplégie hystérique, qui, après avoir été plongée dans une piscine miraculeuse, en sort complètement guérie. Je veux bien admettre qu'elle a été vivement émue par la pieuse cérémonie à laquelle elle a pris part, mais il est incontestable aussi qu'ayant été instruite des cures qui avaient déjà été obtenues en ce lieu, elle a été ainsi l'objet de pratiques persuasives ou suggestives dont il est permis de faire dépendre le retour à l'état normal. Prenons un autre exemple, celui d'un malade atteint de paraplégie ou d'hémiplégie rebelle à toute tentative psychothérapique, qui, apprenant que le feu est chez lui, se lève de son lit, se sauve et se rétablit ainsi d'une manière subite. Ici l'émotion semble bien être la cause de la guérison et pourtant, après réflexion, cela est discutable. Il ne faut pas oublier, en effet, qu'on a l'habitude d'affirmer à de pareils sujets qu'ils guériront, un jour ou l'autre, brusquement, sous l'influence d'une joie, d'une terreur ou de quelque autre choc moral ; il est permis de supposer que cette prédiction étant revenue au moment du sinistre à l'esprit du paralytique a exercé sur lui une action psychothérapique. Il y a encore une autre interprétation à proposer. On peut soutenir qu'un sujet atteint d'un trouble pithiatique joue en quelque sorte un rôle, d'une manière inconsciente ou subconsciente, il est vrai, car autrement il ne serait qu'un vulgaire simulateur; il a besoin d'y prêter toute son attention et c'est sans doute pour ce motif que, lorsqu'on détourne son esprit de l'idée qui l'obsède, on arrive parfois, ainsi que je l'ai fait remarquer précédemment, à faire disparaître transitoirement son mal. N'est-il pas logique de croire que l'imminence d'un grand danger soit particulièrement apte à produire, en pareil cas, un changement dans le cours des idées? Le malade, cessant de penser à sa paralysie, recouvre tout naturellement l'usage de ses membres; lorsque l'idée de l'impotence revient à son cerveau, il constate, en même temps, qu'il en a été débarrassé complètement pendant quelques instants et il y a bien là tout ce qui est nécessaire pour lui permettre de se persuader que son état était curable.

Il ne me semble donc pas prouvé que les accidents pithiatiques aient des liens étroits avec l'émotion. Mais en admettant même qu'il en soit ainsi, ils ne doivent pas être confondus avec d'autres phénomènes dont l'émotion est incontestablement la source directe et auxquels, afin d'éviter toute confusion, je réserverai l'épithète d' « émotifs ». Il y a, en effet, des caractères qui distinguent nettement ces deux espèces de manifestations les unes des autres : tandis que la volonté est maîtresse ou est capable de devenir maîtresse des troubles pithiatiques, d'en déterminer la forme, d'en doser, en quelque sorte, l'intensité et la durée, elle n'est pas en mesure de soumettre à son joug les phénomènes émotifs parmi lesquels nous mentionnerons la tachycardie, les perturbations vasomotrices, l'érythème, les sécrétions sudorales et intestinales. Il y a cependant une cause d'erreur d'interprétation souvent commise et que je dois signaler. On peut provoquer, presque à volonté, chez beaucoup de personnes, une accélération des battements cardiaques, ainsi que des réactions vasomotrices et, quand on n'analyse pas ces faits avec un soin suffisant, on est porté à penser qu'ils sont le produit de la suggestion; mais ce n'est qu'une illusion, du moins si, conformément à la convention que j'ai proposée, le mot suggestion implique l'idée que la volonté est maîtresse des troubles qu'elle a produits ; ce n'est que par l'intermédiaire d'une émotion créée par les tentatives de suggestion que les manifestations en question se développent, et celles-ci, une fois qu'elles ont apparu, échappent à l'influence de la volonté qui est incapable d'en fixer la forme, l'intensité et la durée. Expérimentalement, je puis, chez des sujets suggestionnables, produire, par exemple, suivant mon désir, une paralysie limitée au bras ou occupant tout un côté du corps, légère ou intense, d'une durée de quelques secondes ou de plusieurs heures, mais je ne suis nullement en mesure de régler, à ma fantaisie, une tachycardie émotive, d'en accélérer ou d'en retarder la fin, dans des limites que j'aurais tracées à mon gré. Il y a, comme on le voit, des différences capitales entre les phénomènes pithiatiques et les phénomènes émotifs qui, par parenthèse, existent à l'état normal et ne peuvent être considérés comme pathologiques que quand ils ont une intensité excessive.

c) On trouve enfin dans la littérature médicale un troisième groupe de faits consistant en une exagération généralisée soit des réflexes tendineux, soit des réflexes vasomoteurs cutanés (dermographisme), qui ont été rangés dans l'hystérie. Nous verrons bientôt ce qu'il faut penser de cette opinion, mais ce qu'on peut dire dès maintenant c'est que ce groupe se distingue des deux précédents plus nettement encore que ceux-ci se distinguent l'un de l'autre ; en effet, les phénomènes émotifs et les phénomènes pithiatiques apparaissent et se développent sous une influence purement psychique, tandis qu'une excitation des tendons ou des téguments est nécessaire à la production des phénomènes réflexes qui, en outre, ainsi que je l'ai dit plus haut, ne sont pas des troubles soumis, comme les troubles pithiatiques, à l'action de la suggestion et de la persuasion.

On est donc bien forcé de reconnaître qu'il y a là trois groupes de phénomènes qui ne peuvent être assimilés les uns aux autres et qu'il faut se garder de confondre.

Ces trois groupes, tout en ayant chacun des propriétés qui

les distinguent, pourraient cependant être rattachés par quelque
lien, et il serait alors légitime, nécessaire même d'avoir, outre
les dénominations s'appliquant spécialement à chacun d'eux,
un terme qui leur fût commun et qui désignerait cette association nosologique. Mais ce lien existe-t-il et dans ce cas quel
est-il? On a cru le trouver dans ce fait qu'il n'est pas rare de
voir les phénomènes, soit du deuxième groupe (émotifs), soit du
troisième (réflexes), associés à ceux du premier (pithiatiques),
en particulier à l'hémianesthésie sensitivo-sensorielle. De
pareilles observations sont loin d'être démonstratives pour
ceux qui savent combien sont nombreux les gens suggestionnables, avec quelle facilité la suggestibilité est mise en jeu, surtout dans les salles d'hôpital, et combien sont communes les
associations des troubles pithiatiques avec les affections les
plus variées, qu'elles soient fonctionnelles ou organiques,
dyscrasiques, toxiques ou infectieuses. Il n'y a aucune statis-
tique qui autorise à admettre que les phénomènes du deuxième
et du troisième groupe prédisposent d'une manière spéciale
aux accidents pithiatiques. Si maintenant on recherche systé-
matiquement les phénomènes du deuxième et du troisième
groupe, d'une part chez tous les individus présentant des
troubles pithiatiques et, d'autre part, chez un nombre égal
d'individus n'en ayant jamais présenté, on constate qu'ils ne
sont pas plus marqués ou plus communs chez les uns que chez
les autres et on est conduit à en conclure que le pithiatisme
n'est pas une cause provocatrice de ces phénomènes. Il va sans
dire que ces recherches comparatives doivent être faites
sur des sujets qui, sauf la présence ou l'absence de troubles
pithiatiques, soient, de part et d'autre, dans des conditions
aussi semblables que possible. Ces deux ordres d'observations se complètent et montrent qu'il n'y a aucune relation
entre les phénomènes pithiatiques et ceux des deux autres
groupes (1).

(1) J'ai eu, jusqu'à présent, l'habitude d'appeler accidents hystériques primitifs les troubles pithiatiques et j'ai déclaré qu'il serait légitime d'appeler
encore hystériques des troubles qui, sans présenter les caractères des accidents primitifs, seraient liés d'une façon étroite à un de ces accidents, lui
seraient subordonnés et pourraient être considérés comme des phénomènes
hystériques secondaires. Mais ce n'est qu'à titre provisoire que j'ai créé une
case spéciale pour ces phénomènes, dont la réalité n'est pas encore démontrée.

Nous venons de voir, après avoir écarté de l'hystérie, telle que la tradition nous l'a transmise, tout ce qui y avait été incorporé indûment par suite d'erreurs de diagnostic commises, faute d'une séméiologie suffisante et à cause d'une connaissance imparfaite de la simulation, de la mythomanie, qu'il·restait trois groupes de phénomènes que nous avons appelés pithiatiques, émotifs et réflexes, se distinguant les uns des autres par des caractères différentiels et qui ne sont réunis par aucun lien. Il est donc impossible de leur appliquer un terme qui·leur soit commun; la logique s'y oppose.

Cela établi, il faut se demander si l'on continuera à faire usage du mot hystérie. Ce n'est plus une question de logique, mais encore simple affaire de convention. Il serait préférable, je crois, de renoncer à un vocable propre à entretenir les malentendus; cependant il est permis aussi de le conserver, à condition d'en préciser le sens et d'indiquer nettement ce qu'il désignera, le·premier, le deuxième ou le troisième groupe des phénomènes que nous avons passés en revue. Il me semble qu'il ne peut guère y avoir d'hésitation à cet égard; si l'on veut faire usage du mot hystérie, il est naturel de le réserver aux phénomènes pithiatiques qui comprennent les troubles que l'on a toujours considérés comme les plus caractéristiques, les plus importants de l'hystérie et auxquels cette névrose doit surtout la curiosité, l'intérêt, je dirai même la passion qui se sont attachés à son étude.

Pour ma part, je me servirai de ces deux termes hystérie et pithiatisme comme synonymes, laissant au temps le soin de décider, ce qui, du reste, est d'importance secondaire, si l'on devra les conserver tous les deux, ou l'un d'entre eux seulement.

L'hystérie ainsi définie constitue un état névropathique bien délimité, se distinguant nettement de toutes les autres névroses. On peut déjà théoriquement déduire de ma définition que les phénomènes hystériques ou pithiatiques doivent avoir pour propriété de dépendre essentiellement, dans leur apparition, leur durée, leur forme, leur disparition, du milieu psychique où vivent les sujets suggestionnables dont la prédisposition maladive est susceptible d'être mise en jeu par tel ou tel spectacle, tel ou tel propos. Les faits qui confirment cette idée abondent. En voici un exemple banal : une hystérique sujette à des attaques est admise dans une salle d'hôpital; quelques jours après, une de ses compagnes qui, jusqu'alors, n'avait jamais présenté d'accidents semblables, est prise d'une crise hystérique identique, dans sa forme, à celles qu'elle a eues devant les yeux, puis c'est une troisième, une quatrième malade qui sont atteintes de la même manière, et il se produit ainsi parfois une véritable épidémie ; cela s'observe surtout si le chef de service ou ses élèves ont paru s'intéresser à ces phénomènes et y ont donné de l'importance, aux yeux des autres malades, par leur attitude et les paroles qu'ils ont échangées. Chez les hystériques qui sont soignées dans leur famille, la durée parfois très longue des troubles qu'elles présentent est due, dans bien des cas, à l'impression fâcheuse qu'exercent sur leur esprit la sollicitude excessive dont on les entoure et l'inquiétude que manifestent leurs proches. C'est pour ces motifs que le changement de milieu, l'isolement, la persuasion, la psychothérapie sont des moyens qui, appliqués à de pareils malades, font merveille. L'influence des circonstances de nature psychique sur les manifestations hystériques explique aussi très bien qu'elles changent d'aspect, qu'elles subissent des transformations dans le temps, et c'est là une particularité digne de retenir l'attention. Si, comme je viens de le rappeler, on peut observer encore, à l'hôpital, des épidémies d'hystérie, on ne voit plus, de nos jours, de faits semblables aux épidémies de danse du moyen âge frappant toute une contrée, déterminées par le fanatisme religieux et que l'on ne peut guère rapprocher, dans le présent, que de l'équipée des « Douchoboris » (Combattants pour l'âme, Russes appartenant à une secte religieuse, émigrés au Canada) qui, vers la fin de 1902, en bande de 2,000 environ, quittèrent leur village et parcoururent des lieues, en marchant tout nus, dans la neige, à la recherche du royaume de Dieu ! Mais, sans chercher les exemples si loin, il suffit, pour se convaincre de

l'exactitude du fait que je tâche de faire ressortir, de com-
parer l'hystérie telle qu'on l'observe actuellement dans les
hôpitaux de Paris à l'hystérie d'il y a vingt à vingt-cinq ans.
Les grands accidents, ces paralysies, ces contractures qui
duraient des années et qui étaient des troubles très communs autrefois, sont devenus fort rares. On ne voit plus de
ces grandes attaques avec les quatre fameuses périodes, ces
grands états hypnotiques caractérisés par la léthargie, la
catalepsie et le somnambulisme. Les élèves ou les jeunes
médecins qui lisent, dans les ouvrages de l'époque, la description de ces troubles, ont l'impression qu'il s'agit là de
paléopathologie.

Il faut encore ajouter que les phénomènes hystériques,
pithiatiques, qui sont l'œuvre de la suggestion ou de l'auto-
suggestion ont aussi pour propriété d'être en grande partie
subordonnés à la volonté, à la fantaisie plus ou moins consciente des malades qui deviennent parfois capables de se
guérir grâce à leur propre énergie. Je connais des sujets,
depuis longtemps en parfaite santé, qui, après avoir été
hospitalisés pendant plusieurs années et avoir présenté les
accidents hystériques les plus intenses et les plus variés,
pris un jour du désir de rentrer dans la société et de vivre
d'une existence normale, sont très rapidement parvenus à se
débarrasser complètement de leurs troubles par des efforts
de volonté, en quelque sorte par « autopersuasion ».

Si maintenant l'on compare, aux divers points de vue que
je viens de considérer, les autres névroses à l'hystérie, on ne
peut manquer d'être frappé par les différences qui séparent
ces états. Envisageons la maladie du doute, et, si je choisis cet
exemple, c'est que tout récemment un neurologiste autorisé a
soutenu, à ma grande stupéfaction, qu'il y avait « de grandes
analogies entre la psychasthénie et l'hystérie » (1). Que certaines
phobies puissent être le résultat d'une suggestion, soient susceptibles de disparaître par persuasion et constituent des
phénomènes pithiatiques, je ne le conteste certes pas, mais je

---

(1) Voir *Revue Neurologique*, 30 mai 1908, p. 501.
La maladie du doute est comprise dans ce que M. Janet appelle la
psychasthénie.

crois pouvoir affirmer que jamais sujet atteint de la maladie du doute bien caractérisée n'est arrivé à se guérir par auto-persuasion, et cela est d'autant plus remarquable que beaucoup de ces malades sont capables de déployer, dans des circonstances graves et difficiles de la vie, de l'intelligence et de l'énergie, qu'ils sont les premiers à qualifier leurs obsessions d'absurdes et qu'ils ont le plus vif désir de guérir ; mais l'observation montre que leur volonté n'a sur ces troubles que très peu de prise ; contrairement aux hystériques qui sont, pour ainsi dire, des acteurs dans leurs manifestations maladives, les vrais douteurs se comportent plutôt comme de simples spectateurs, capables seulement de contempler et d'analyser, parfois très finement, leurs obsessions.

L'influence psychique du milieu dans lequel vivent ces douteurs, ces phobiques, ces psychasthéniques sur l'intensité, la modalité de leurs troubles, sans être nulle, n'est vraiment que bien faible. Ces phénomènes sont sujets à des alternatives en bien et en mal et se manifestent parfois sous forme de crises de phobies, d'obsessions qui peuvent durer plusieurs mois et dans l'intervalle desquelles il y a un calme relatif, ce qui expose, quand l'accalmie coïncide avec un changement de milieu, à des erreurs d'interprétation. Mais, en réalité, lorsqu'on considère ces faits d'une manière globale, on arrive à cette conviction — c'est là, du moins, mon opinion — que les circonstances de ce genre n'exercent sur cette affection qu'une action très limitée. Ce qui le prouve d'une façon péremptoire et contribue à établir une ligne de démarcation tranchée entre les deux états nerveux que nous comparons, c'est que, contrairement à ce qu'on observe dans l'hystérie, la maladie du doute avec ses diverses modalités se présente et s'est toujours présentée, à peu près, sous le même aspect dans tous les pays où elle a été étudiée, et dans toutes les conditions sociales; les descriptions qu'en ont données les médecins de la génération précédant la nôtre s'appliquent rigoureusement aux malades que nous observons actuellement. On peut dire, pour ne pas préjuger de l'avenir, que jusqu'à présent cette maladie n'a pas changé, et cette immutabilité dans le temps contraste avec l'extrême mutabilité des troubles qui constituent l'hystérie, le pithiatisme.

Je ne prétends pas que la nature humaine soit maintenant moins suggestionnable qu'autrefois, mais je dis que, connaissant les circonstances propres à mettre en jeu la suggestibilité, nous sommes en mesure d'agir sur ses manifestations, d'en entraver le développement et, quand elles ont apparu, de les faire disparaître par le raisonnement, la persuasion; la confiance qu'inspirent aux malades les moyens thérapeutiques employés et celui qui les prescrit peut donner le même résultat. Il y a là un contraste avec ce qu'on observe dans les autres névroses et maladies mentales.

Ne ressort-il pas clairement de toute cette discussion que les phénomènes pithiatiques doivent nécessairement être classés dans un cadre spécial et séparés de tous les autres phénomènes avec lesquels ils ont été mélangés?

Il est aisé de comprendre que les phénomènes pithiatiques puissent exister à l'état de pureté ou s'associer à d'autres affections qu'ils sont capables de masquer ou par lesquels ils sont susceptibles d'être masqués. La méconnaissance de ces associations a conduit à une interprétation erronée de beaucoup de faits qui peuvent s'expliquer très facilement; elle est l'origine de cette idée fausse, très répandue autrefois, encore admise maintenant par quelques-uns, que des affections indépendantes de l'hystérie peuvent être guéries par la suggestion ou par la persuasion. Or, je défie d'en citer une seule que l'on puisse faire disparaître ainsi. Parfois, il est vrai, chez des sujets atteints de neurasthénie, de maladie du doute ou de quelque maladie organique, on obtient par la psychothérapie la guérison de certains troubles occupant dans l'ensemble symptomatique une place plus ou moins importante. Mais est-il rationnel de soutenir, en se fondant sur de pareils faits, que les états nosologiques en question se composent de deux ordres de manifestations, les unes curables, les autres incurables par la persuasion ou la suggestion? Assurément non. Il est bien plus logique de dire que dans de pareils cas il s'agit d'associations de l'hystérie avec d'autres affections et que les troubles guéris par la psychothérapie sont ceux qui dépendent de l'hystérie. Il est de toute évidence que les phénomènes pithiatiques purs ou associés sont tous de même nature et je ne vois aucune raison de les séparer les uns des autres.

Et maintenant si l'on considère que les phénomènes pithiatiques peuvent imiter plus ou moins les troubles fonctionnels des maladies les plus diverses, qu'ils peuvent s'associer, non seulement aux affections nerveuses, mais à toutes les affections viscérales, thoraciques et abdominales, qu'ils sont susceptibles de guérir rapidement, instantanément même, ou de durer indéfiniment, suivant qu'on en reconnaît ou non la nature et qu'on se comporte ou non en bon psychothérapeute, on est amené à soutenir qu'il n'est permis à aucun clinicien de se désintéresser de leur étude. Cela me paraît d'autant plus juste qu'un médecin en contact avec un sujet suggestionnable exercera inévitablement sur lui, par ses paroles ou par son silence, par son zèle ou par son insouciance, une influence qui, si elle n'est pas bonne, sera mauvaise ; que la présence de ce médecin sera nuisible ou utile et qu'elle ne pourra guère rester indifférente.

Les idées que je viens d'exposer me paraissent dignes d'être méditées, non seulement parce que, étant vraies, elles méritent, comme toute vérité scientifique, qu'on s'y arrête, mais aussi parce qu'il en découle plusieurs conséquences pratiques importantes que je vais successivement indiquer.

1° Connaissant l'action qu'il exerce sur les sujets suggestionnables et le rôle qu'il est involontairement exposé à jouer, s'il n'y prend pas garde, dans la genèse des phénomènes pithiatiques, le médecin, tout en observant ses malades, doit s'observer lui-même ; il surveillera attentivement ses paroles, se rappelant toujours qu'une question mal posée ou une réflexion inopportune peut être la cause d'une suggestion. Il y a là un danger qu'il ne doit pas perdre de vue, qu'il évitera en se conformant dans son interrogatoire et son examen à des règles que j'ai déjà indiquées autre part, dans leurs grandes lignes.

2° Sachant qu'un sujet suggestionnable subit très facilement l'influence de son entourage, il ne se contentera pas d'agir en personne, par des pratiques psychothérapiques, sur les malades atteints de troubles pithiatiques; il s'ingéniera encore pour leur créer, par tous les moyens possibles, un milieu psychique qui leur soit salutaire.

3° Convaincu que les troubles pithiatiques vrais doivent céder rapidement à une psychothérapie habilement pratiquée, le médecin qui, dans un cas de ce genre, aura vu échouer ses tentatives thérapeutiques, sera conduit à penser que le succès a été entravé par quelque action contre-psychothérapique; il cherchera à la découvrir pour la faire disparaître et réaliser ainsi les conditions qui assureront la guérison.

4° Connaissant les limites du pithiatisme, il saura distinguer les troubles qui ne font pas partie de ce domaine, et ne se fera pas fort de les guérir par la psychothérapie. S'abstenant de promesses qu'il n'est pas en mesure de tenir, il évitera de se discréditer. En outre, et cela est encore plus important, n'ayant pas d'illusions sur les effets à attendre d'un pareil traitement, il sera moins exposé à négliger les moyens thérapeutiques que peuvent réclamer les affections non pithiatiques.

5° Possédant des notions plus exactes et plus précises qu'autrefois sur le pithiatisme et la simulation, il sera plus apte, en tant qu'expert, à donner un avis fondé dans les procès relatifs aux « accidents du travail ».

A. D'une part, il ne commettra pas l'erreur d'attribuer à l'hystérie des états se manifestant par des caractères que la volonté est incapable de faire naître et qui ne sont pas pithiatiques. Il sera ainsi, moins que par le passé, sujet à méconnaître l'importance de préjudices causés par des accidents et à priver ceux qui en ont été victimes d'un dédommagement légitime.

B. D'autre part, il sera plus en mesure qu'autrefois de faire obstacle aux abus que la loi sur les accidents du travail a engendrés et dont la conception ancienne de l'hystérie est une des causes principales.

a) Sachant que tous les phénomènes pithiatiques peuvent être rigoureusement reproduits par la simulation, il devra être sur ses gardes lorsqu'il aura affaire à un sujet présentant des troubles ayant les caractères qui appartiennent à ce genre de phénomènes. Il le soumettra à une observation très attentive qui parfois permettra de déceler la fraude; mais, même dans le cas contraire, il ne se portera jamais garant de sa sincérité. D'ailleurs, lorsqu'il n'aura constaté aucun fait l'autorisant à suspecter la bonne foi de l'intéressé, il devra déclarer que le préjudice causé est minime, car, je le répète, les troubles hystériques cèdent à une psychothérapie pratiquée dans de bonnes conditions et, en ce qui concerne particulièrement les manifestations hystériques post-traumatiques, l'expérience montre qu'elles disparaissent, pour ainsi dire toujours, après l'arrêt du tribunal qui, réglant définitivement la situation du plaignant, le débarrasse de la préoccupation occasionnée par l'attente du jugement et supprime sans doute la principale entrave à la guérison.

b) Bien pénétré de cette idée que « les troubles vaso-moteurs et les troubles trophiques hystériques » ne sont que des fictions dont ont bénéficié injustement, au détriment d'autrui, de soi-disant victimes d'accidents du travail, que la notion de ces prétendus troubles hystériques repose sur des erreurs de diagnostic et sur la méconnaissance de la super-cherie, l'expert saura mieux orienter ses recherches, quand il aura affaire à un sujet se déclarant atteint, consécutivement à un accident, soit d'hémorrhagies viscérales, soit de phlyc-tènes, d'ulcérations, de gangrènes, d'hémorrhagies cutanées, soit d'œdème d'un membre. S'il lui semble impossible d'établir une relation directe entre le trouble observé et l'accident subi, si le trouble ne lui paraît pas dépendre de quelque affection bien déterminée qui, tout en ayant précédé l'accident, aurait pu être influencée par lui, il doit songer à la possibilité d'une tromperie et employer tous les moyens nécessaires pour vérifier cette hypothèse.

Je me crois en droit de conclure de cette étude que la conception ancienne de l'hystérie fondée sur des observations les unes insuffisantes, les autres erronées, ne résiste pas à la critique ; que le démembrement de l'hystérie traditionnelle est une conséquence inévitable d'une série de faits ignorés autrefois et solidement établis aujourd'hui ; que de cette désagrégation résulte la mise en liberté d'un groupe autonome de phénomènes occupant en pathologie une place fort importante, auquel on peut réserver la dénomination d'hystérie, mais qui est désigné d'une manière plus expressive par le mot pithiatisme.

Paris — Imp. de la *Semaine Médicale*, 31, rue Croix-des-Petits-Champs. — J. Charpentier.

www.ingramcontent.com/pod-product-compliance
Lightning Source LLC
Chambersburg PA
CBHW060804280326
41934CB00010B/2548